Villaggio Libro da colorare

Villaggio Libro da colorare

Villaggio Libro da colorare

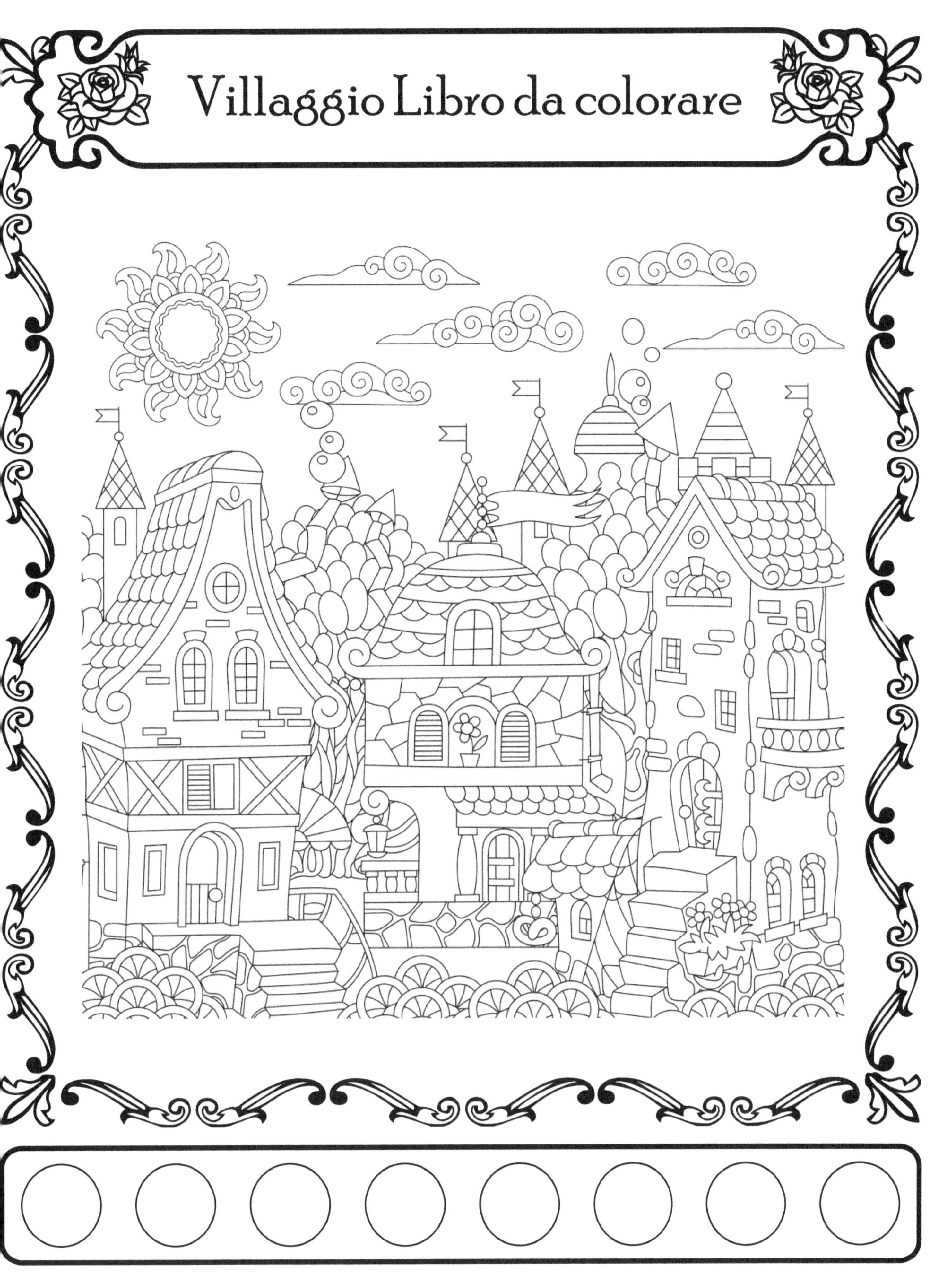

Villaggio Libro da colorare

Villaggio Libro da colorare

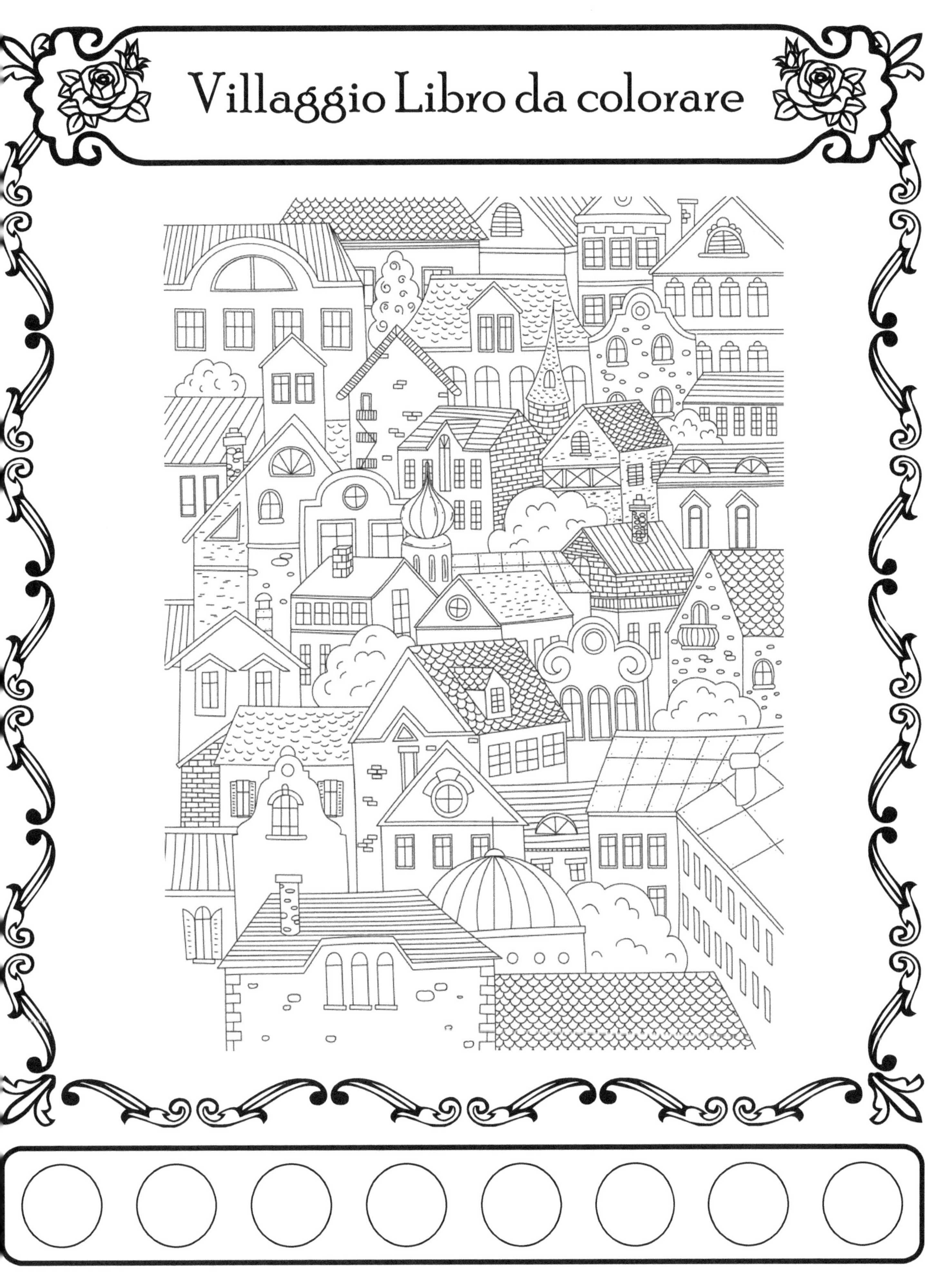

Villaggio Libro da colorare

Villaggio Libro da colorare

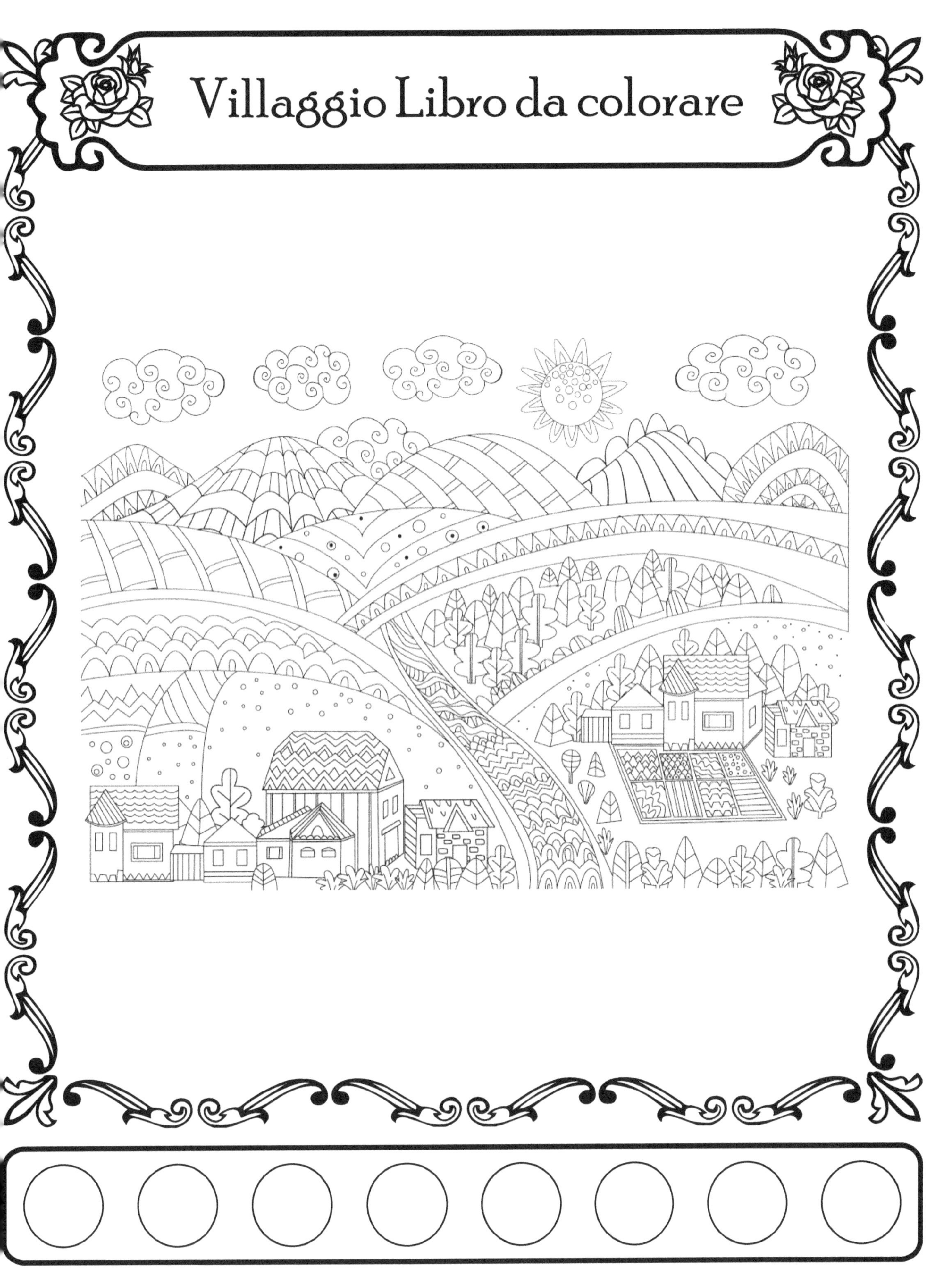

Villaggio Libro da colorare

Villaggio Libro da colorare

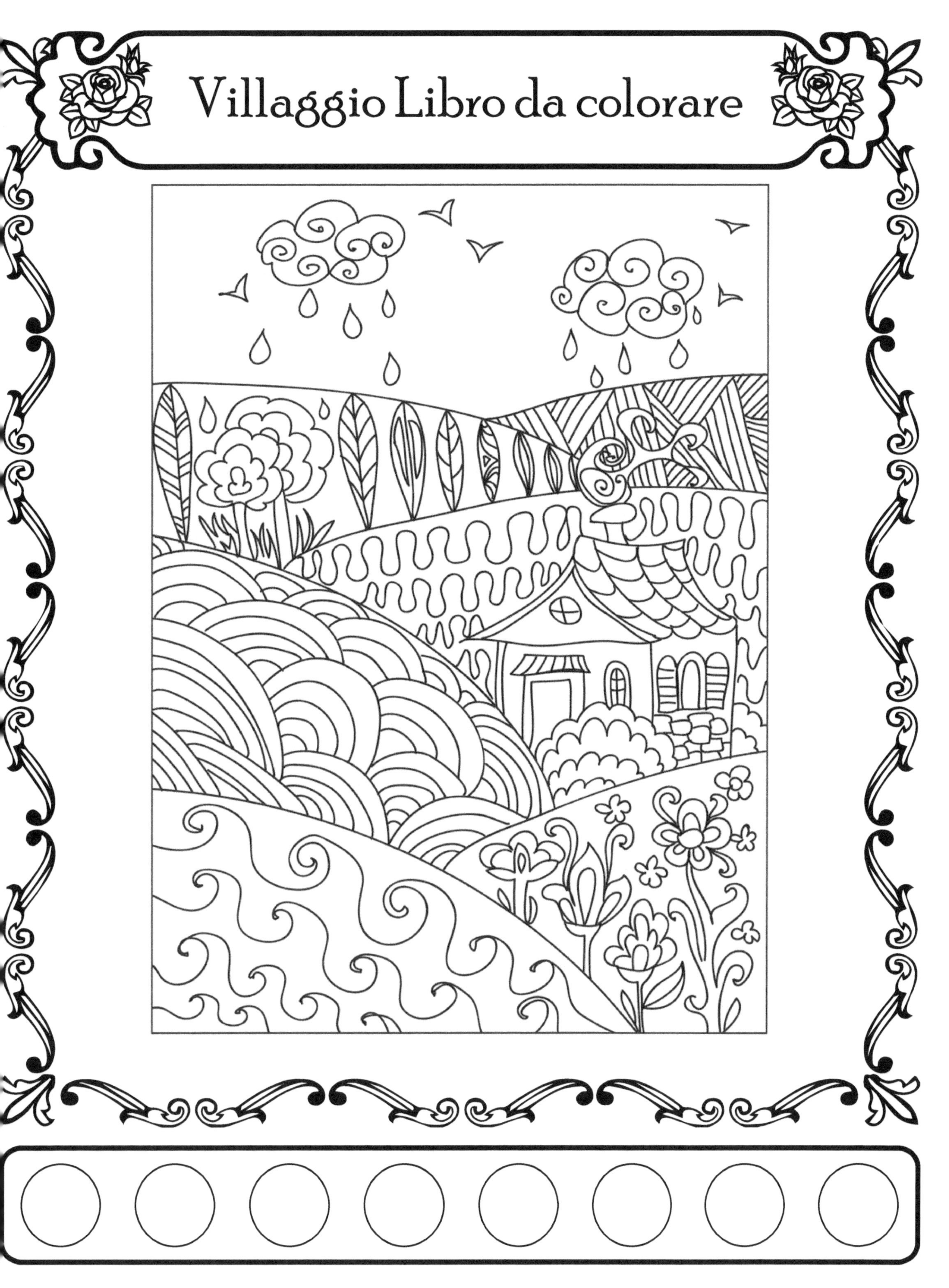

Villaggio Libro da colorare

Villaggio Libro da colorare

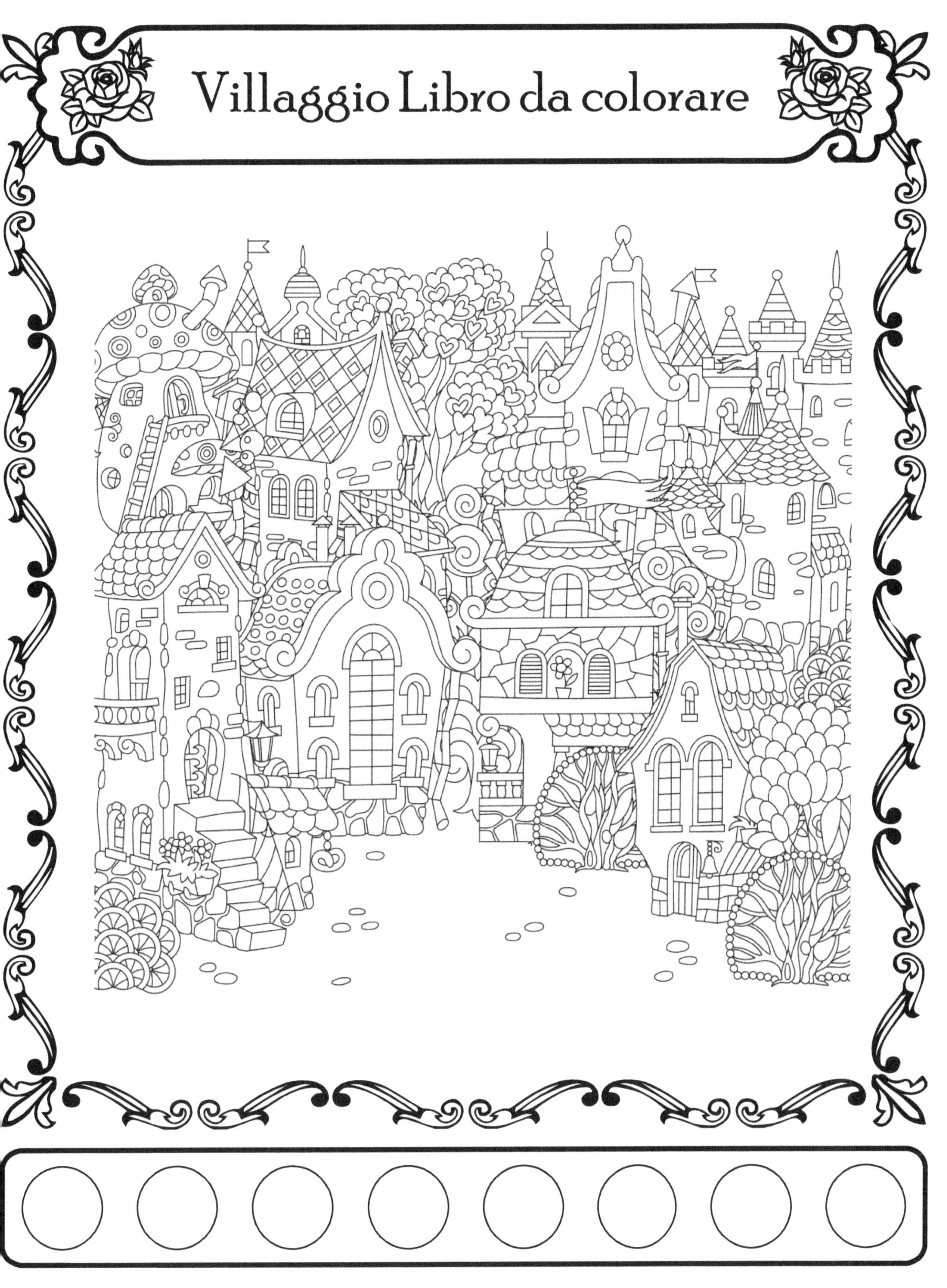

Villaggio Libro da colorare

Villaggio Libro da colorare

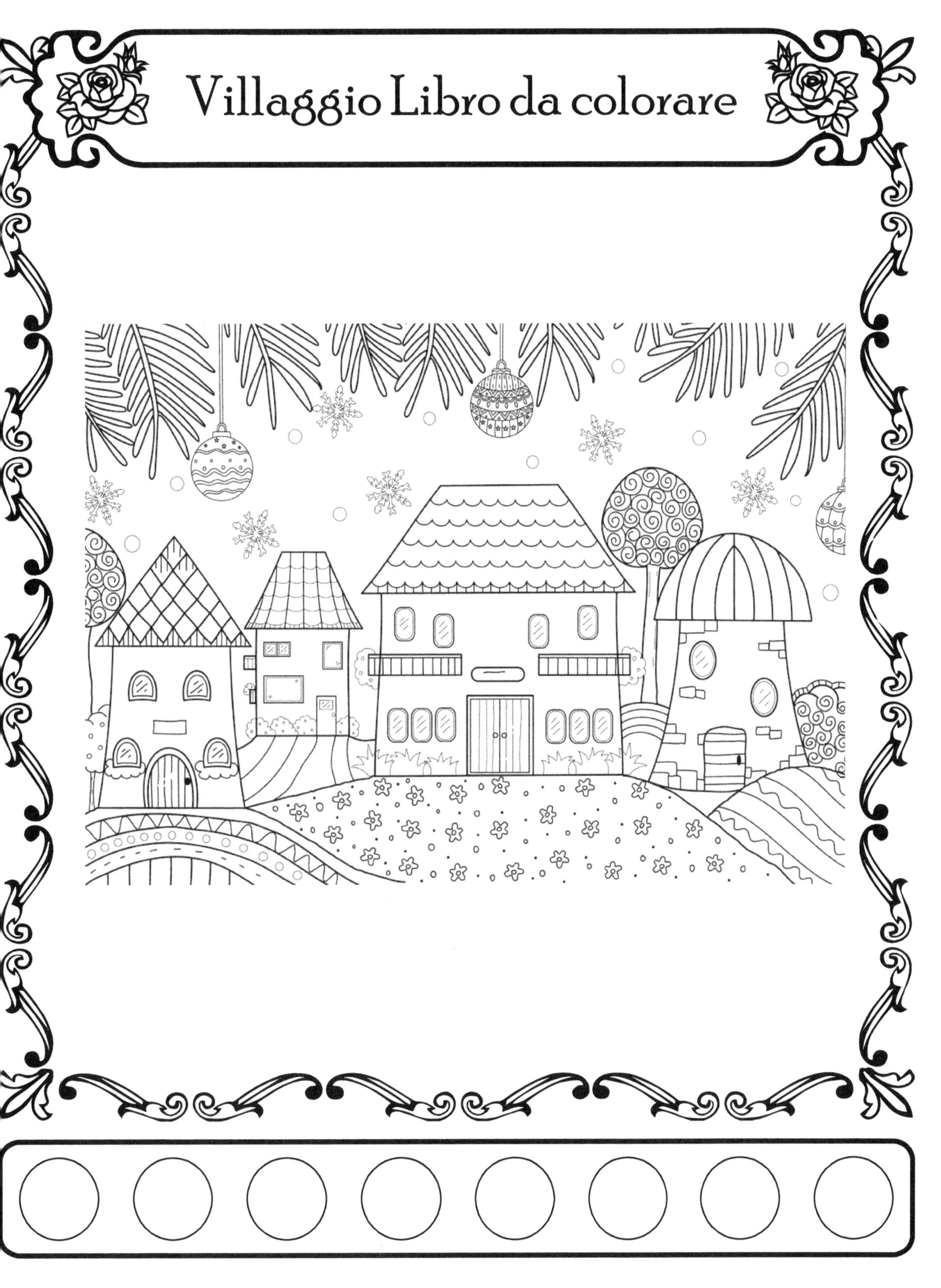

Villaggio Libro da colorare

Villaggio Libro da colorare

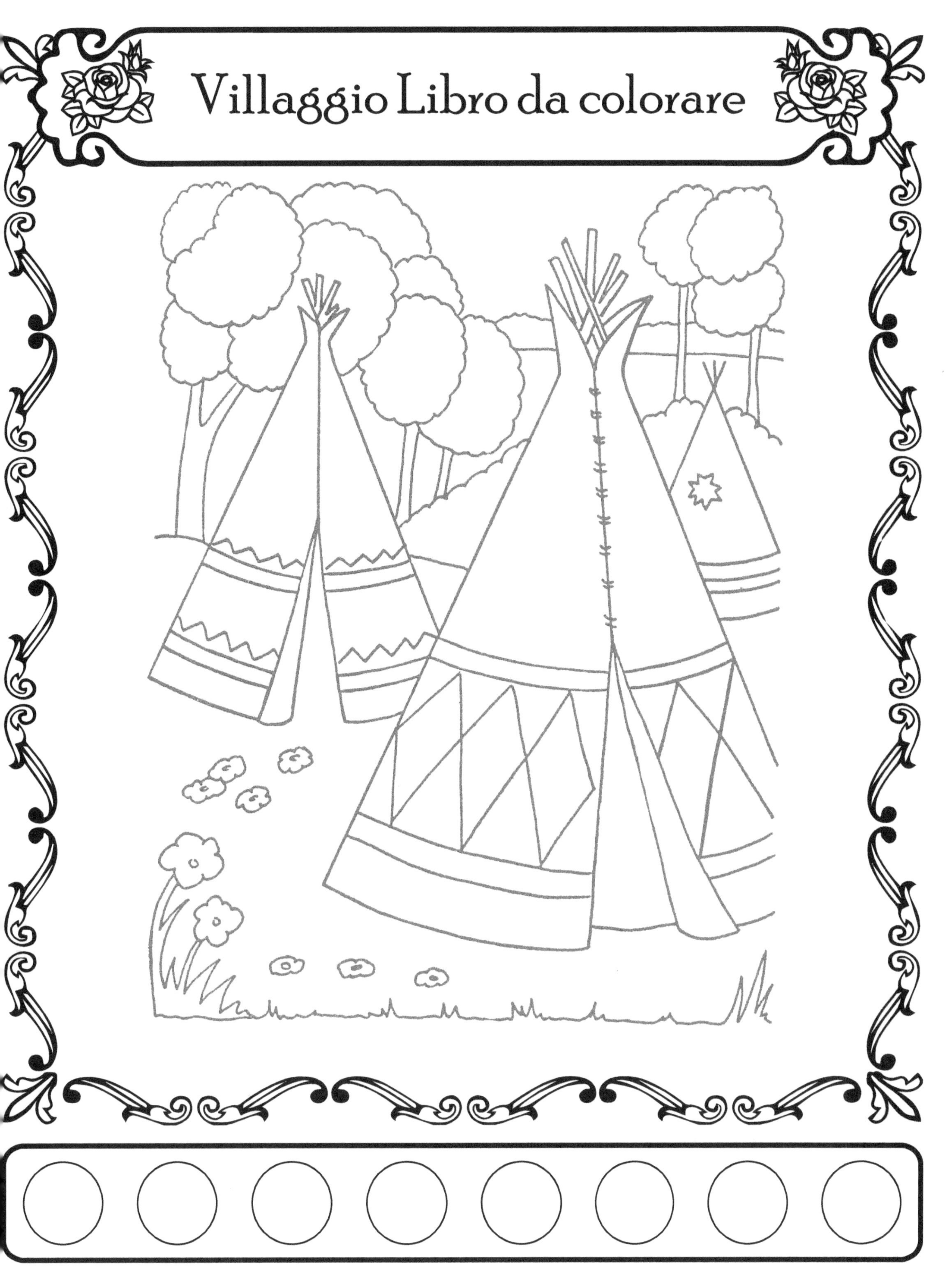

Villaggio Libro da colorare

Villaggio Libro da colorare

Villaggio Libro da colorare

Villaggio Libro da colorare

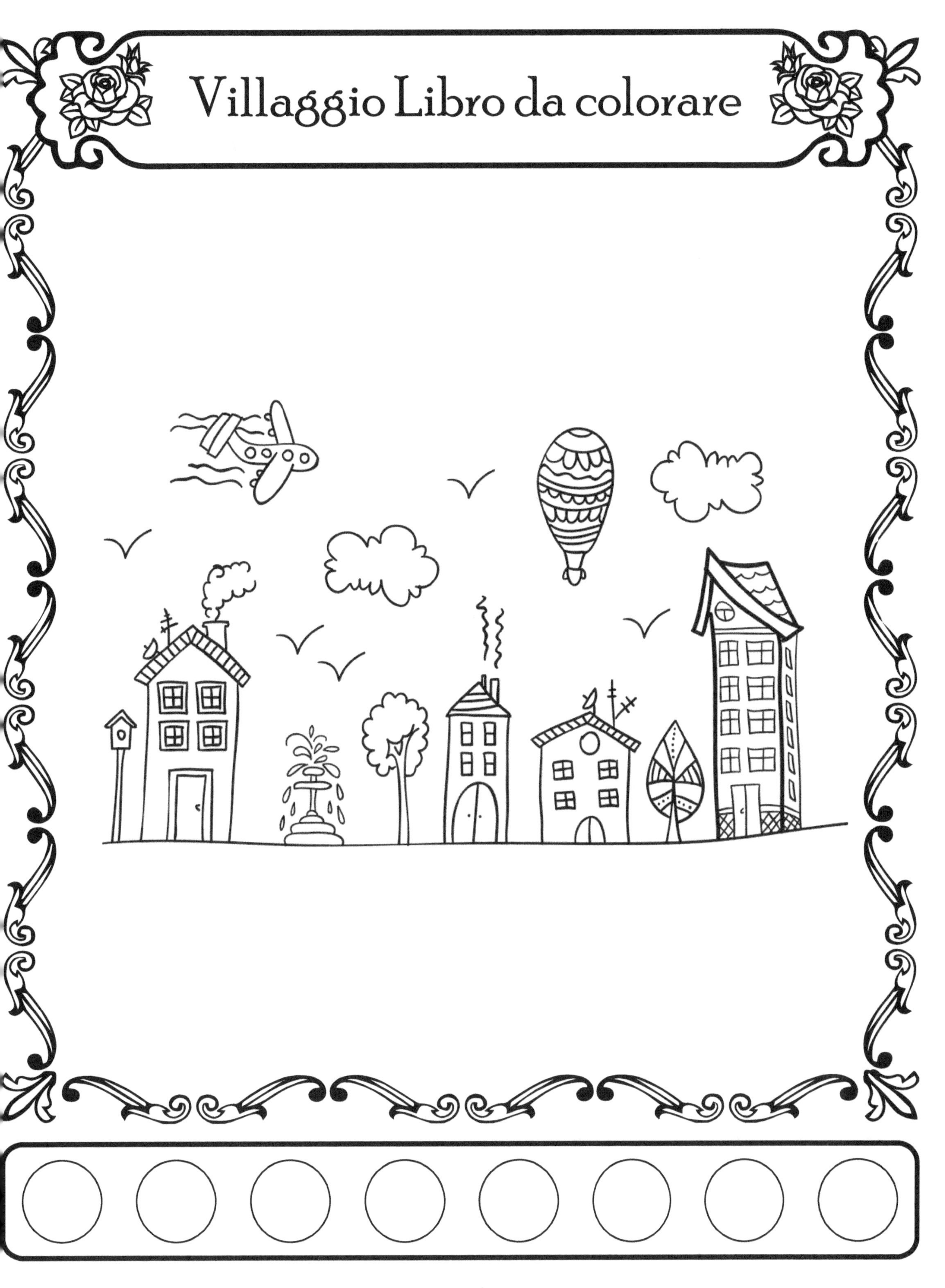

Villaggio Libro da colorare

Villaggio Libro da colorare

Villaggio Libro da colorare

Villaggio Libro da colorare

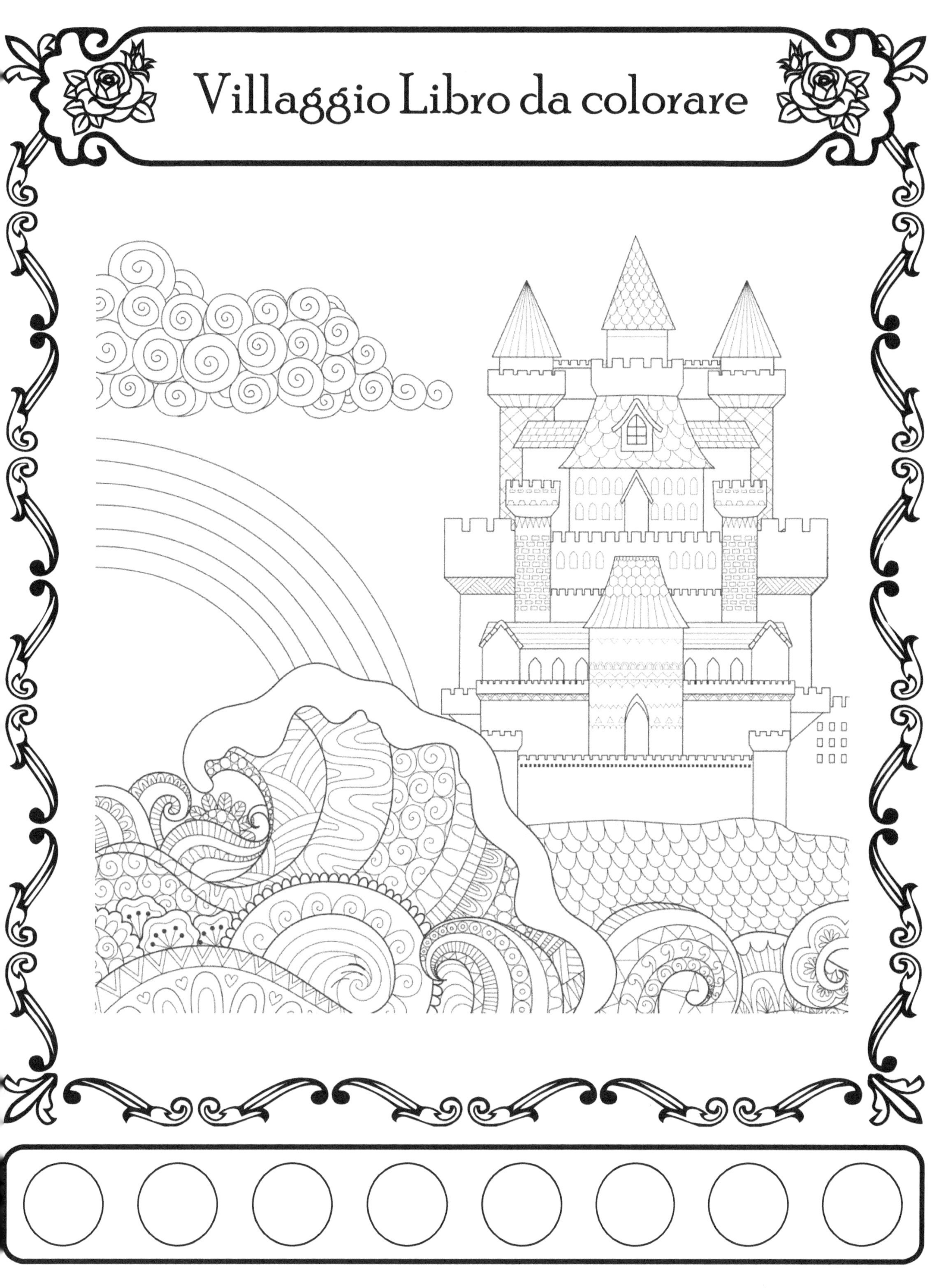

Villaggio Libro da colorare

Villaggio Libro da colorare

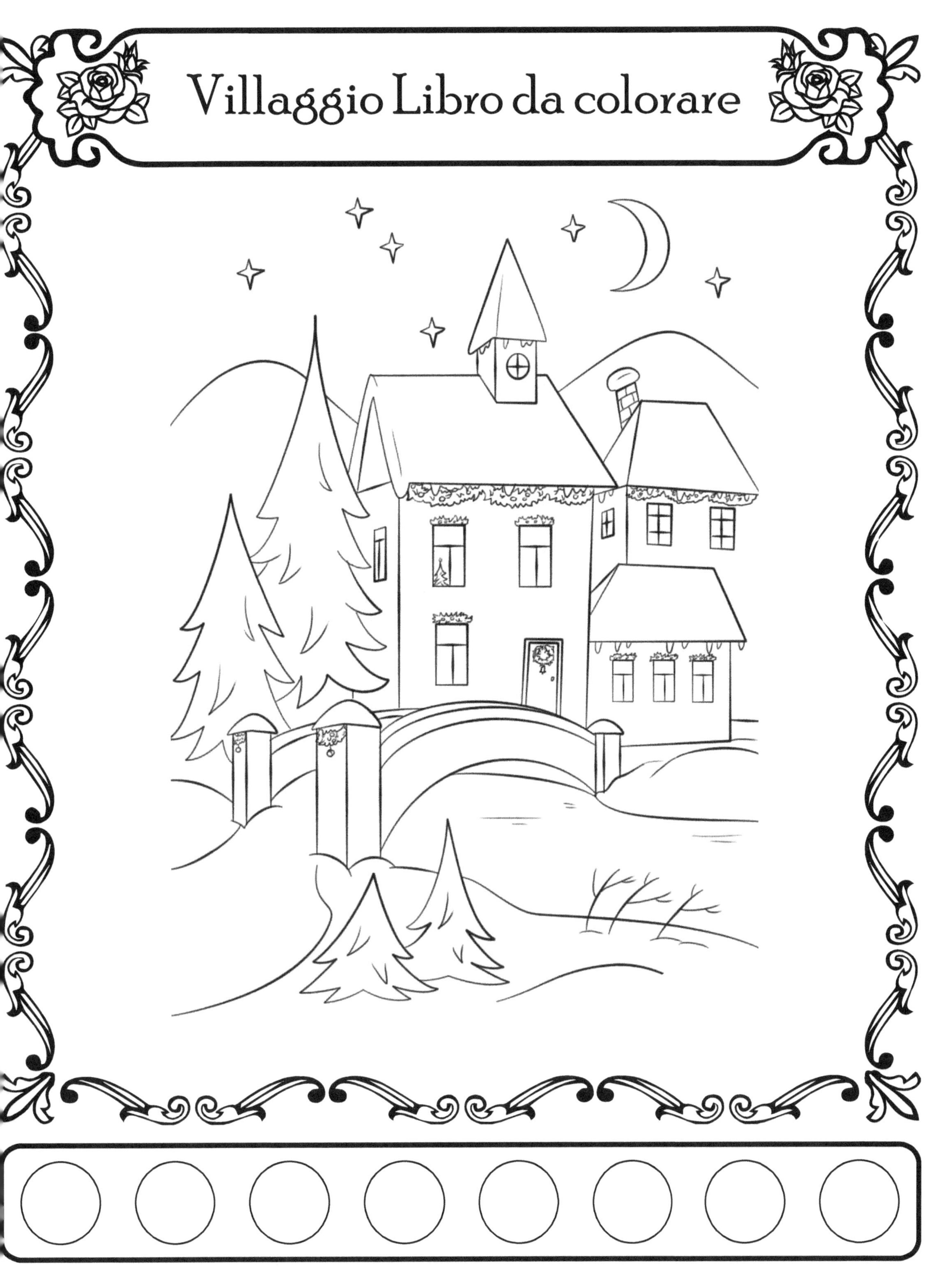

Villaggio Libro da colorare

Villaggio Libro da colorare

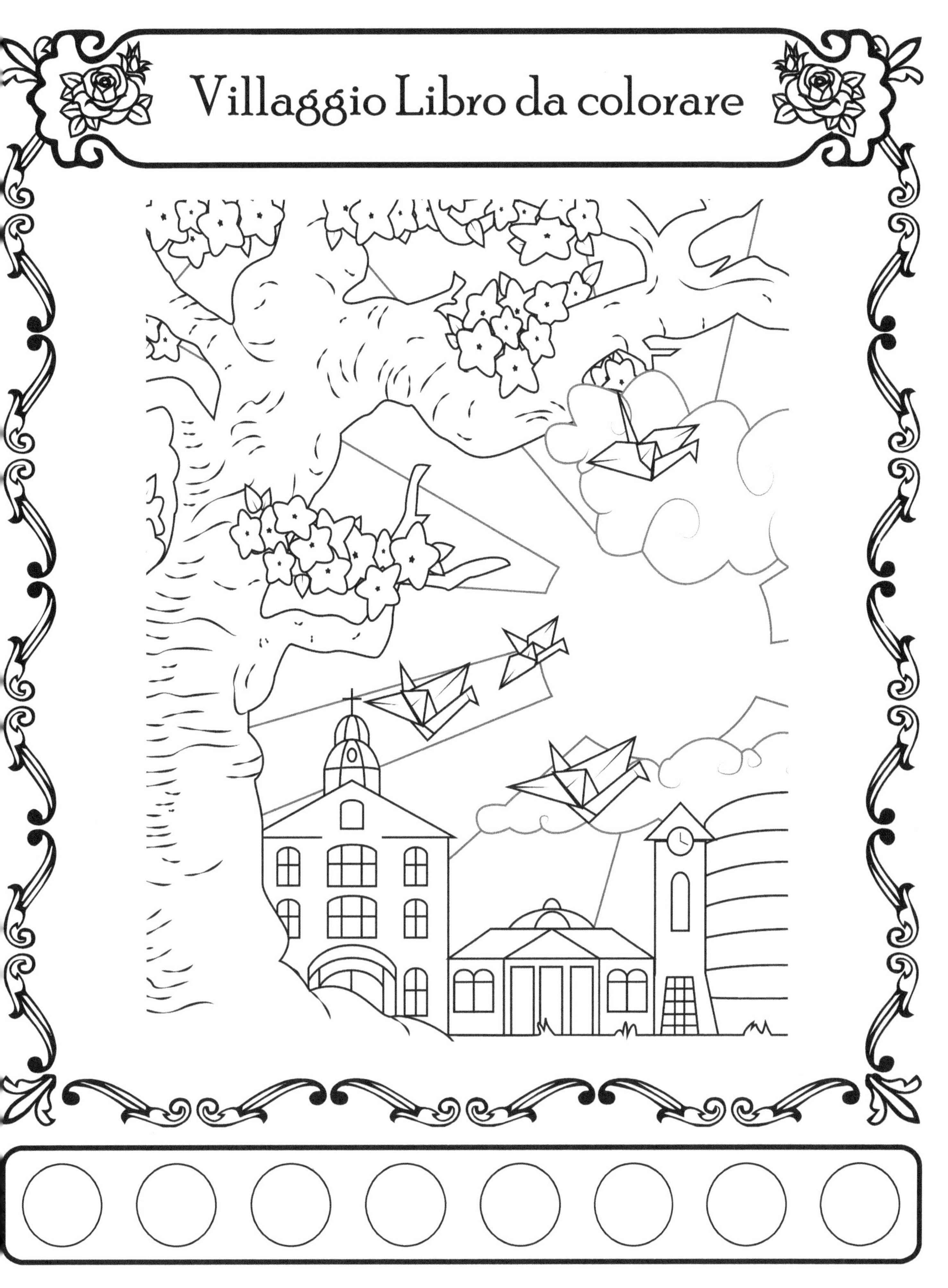

Villaggio Libro da colorare

Villaggio Libro da colorare

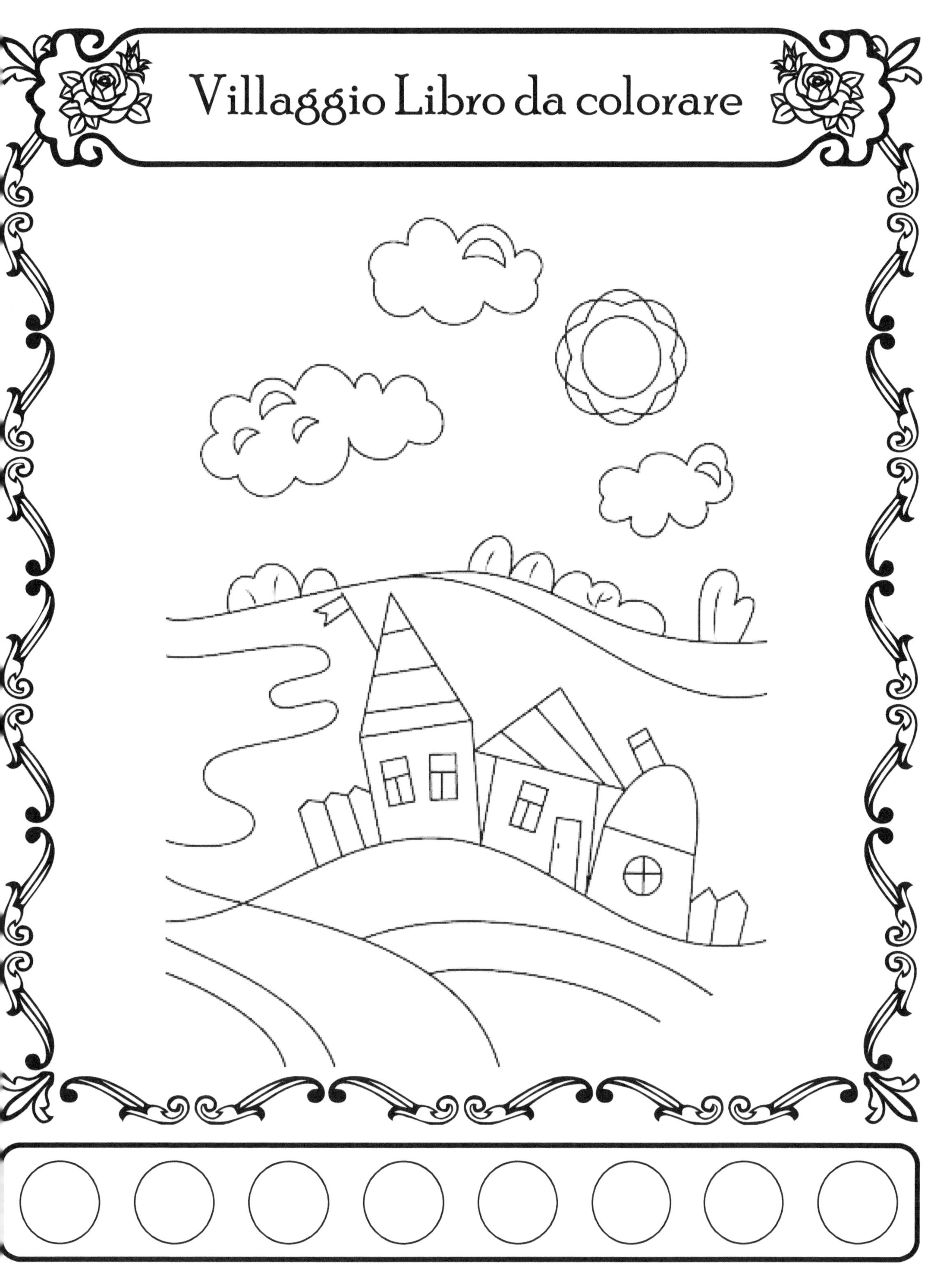

Villaggio Libro da colorare

Villaggio Libro da colorare

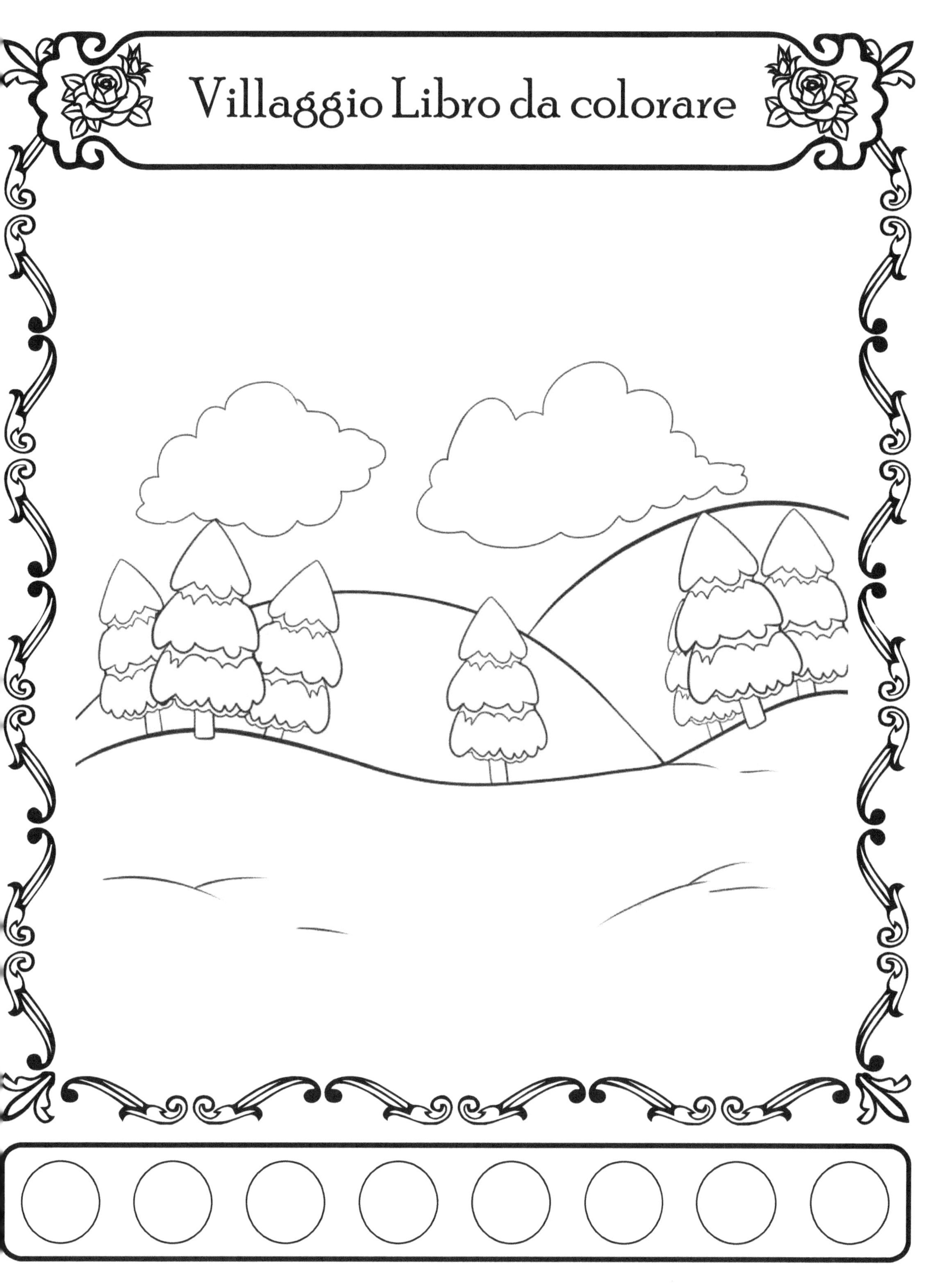

Villaggio Libro da colorare

Villaggio Libro da colorare

Villaggio Libro da colorare

Villaggio Libro da colorare

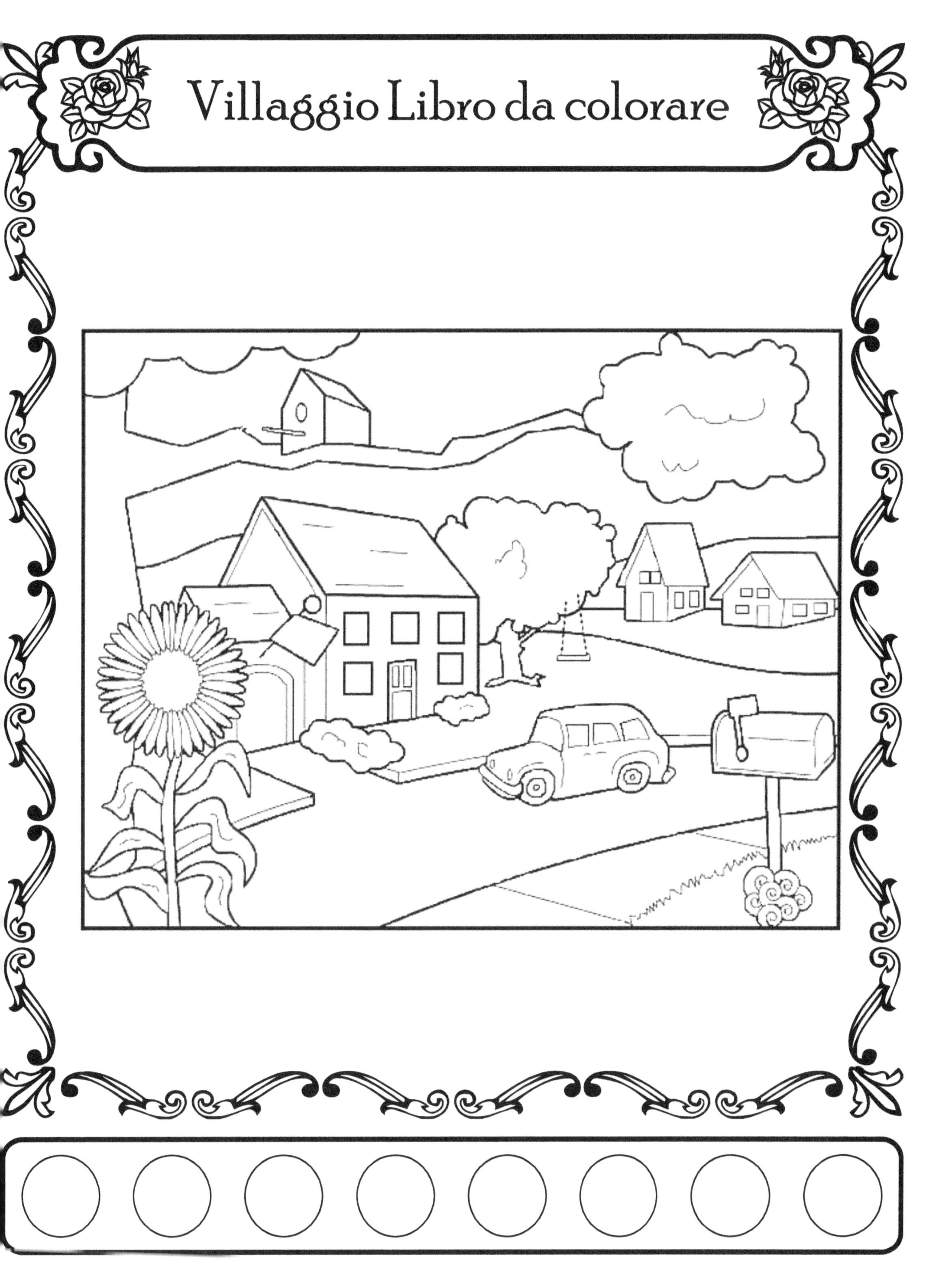

Villaggio Libro da colorare

Villaggio Libro da colorare

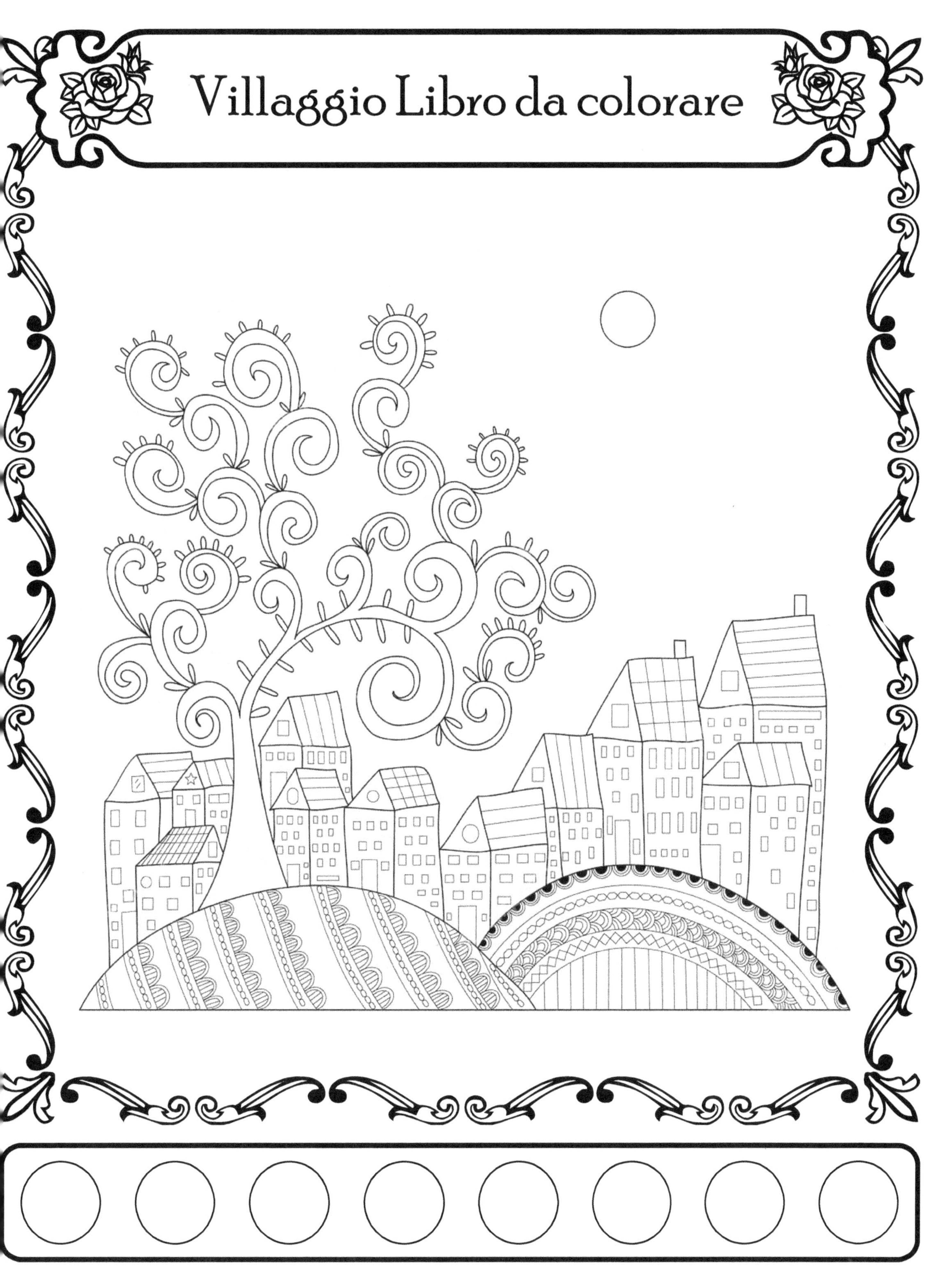

Villaggio Libro da colorare

Villaggio Libro da colorare

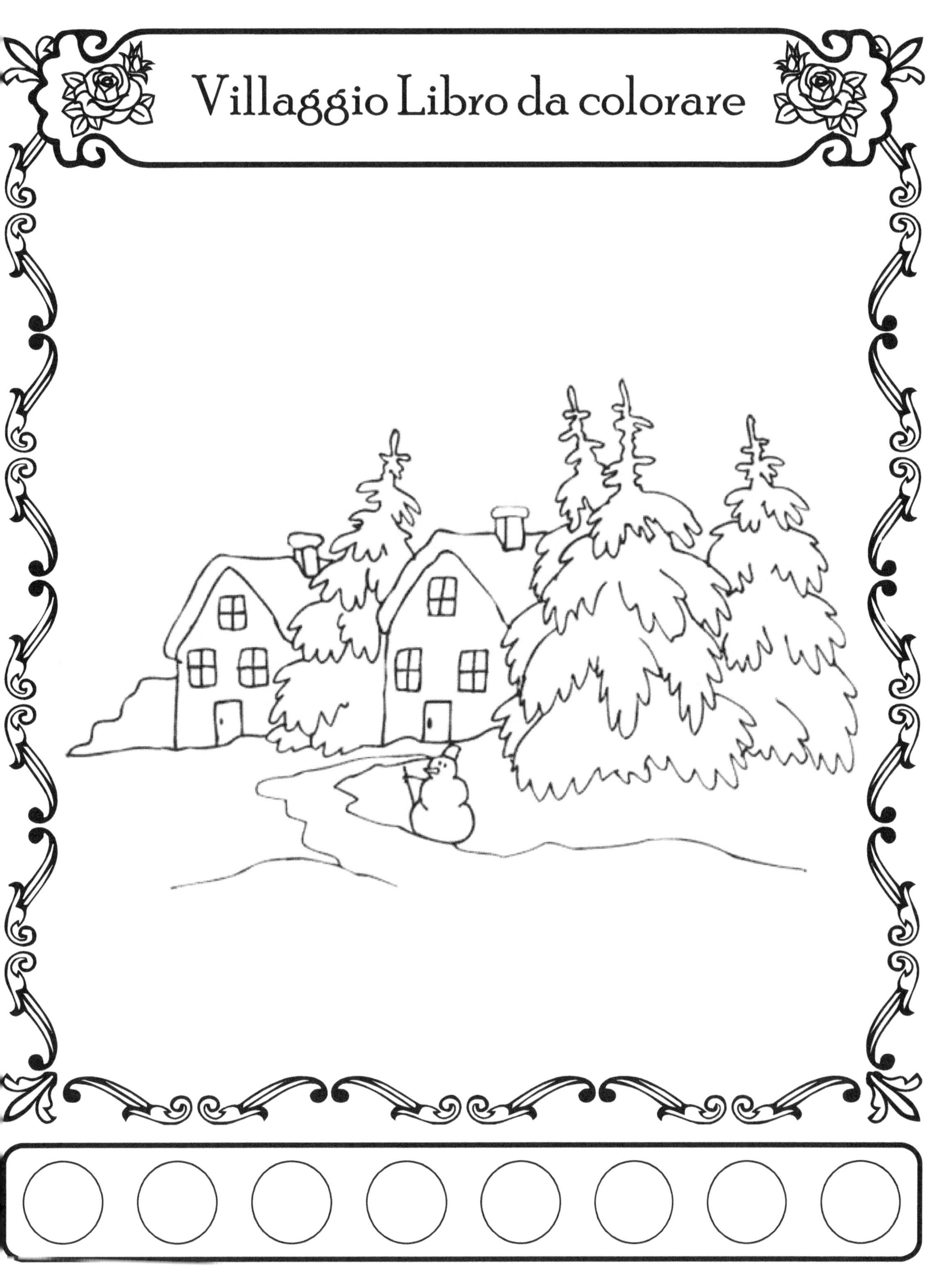

Villaggio Libro da colorare

Villaggio Libro da colorare

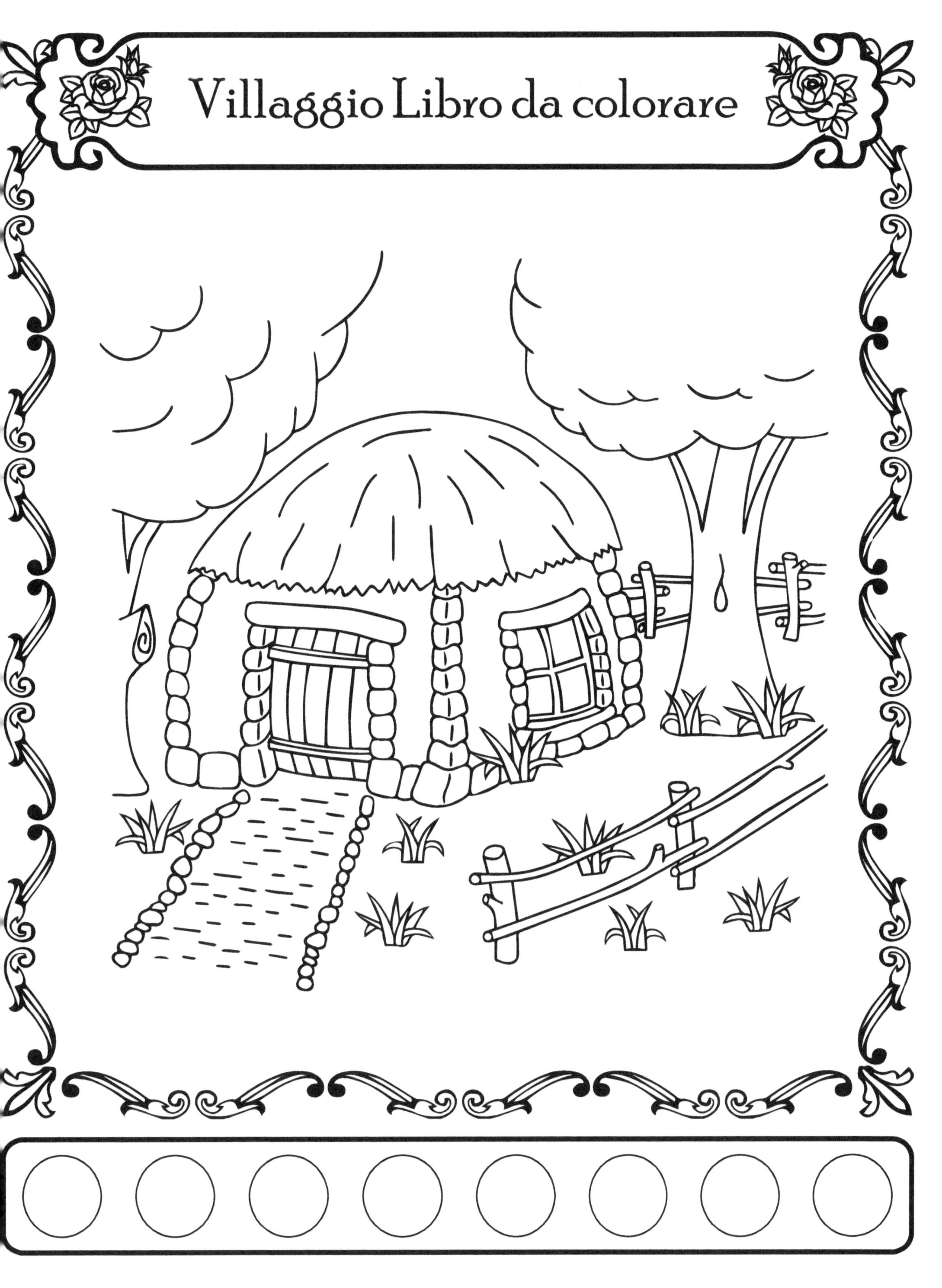

Villaggio Libro da colorare

Villaggio Libro da colorare

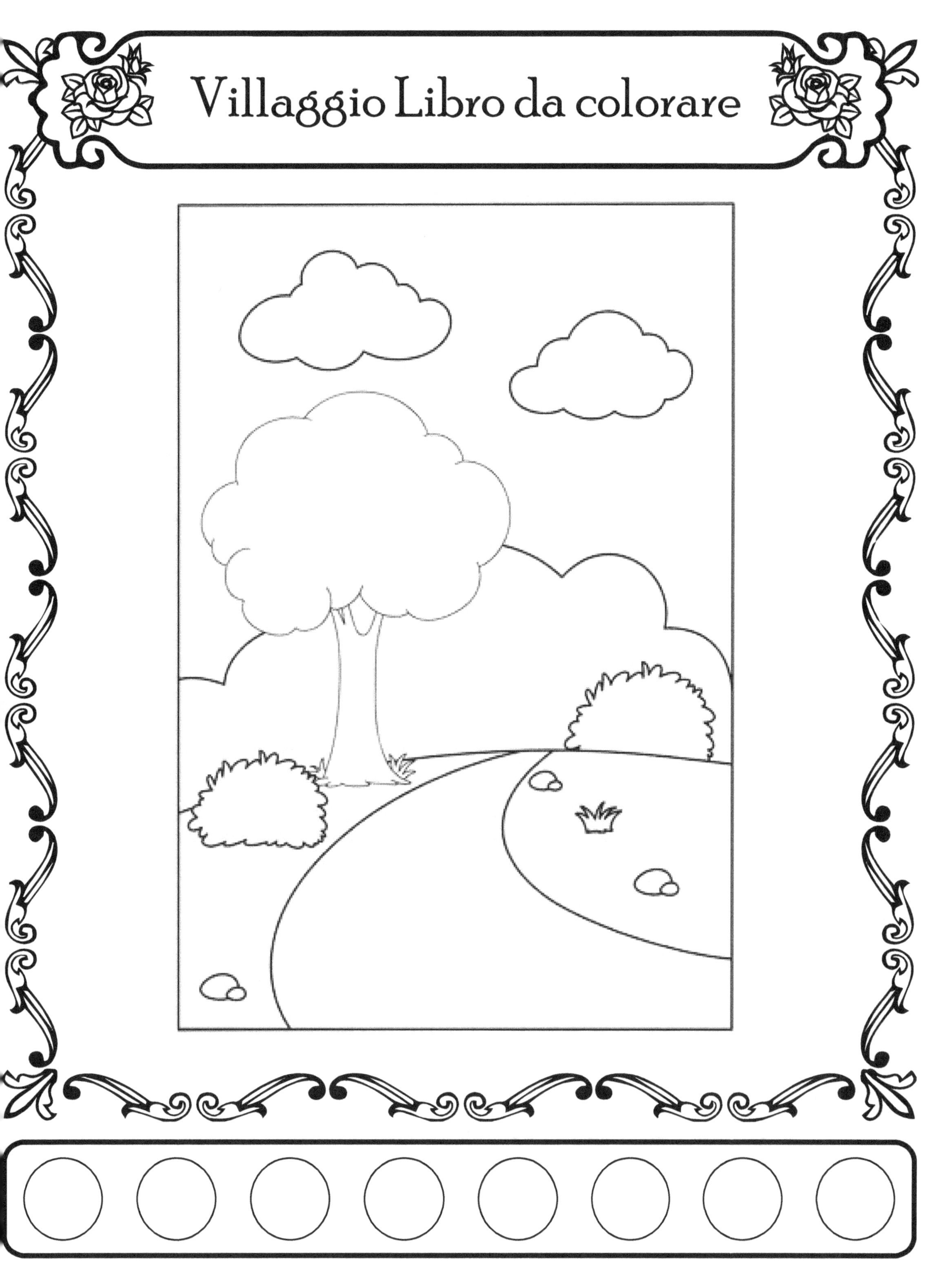

Villaggio Libro da colorare

Villaggio Libro da colorare

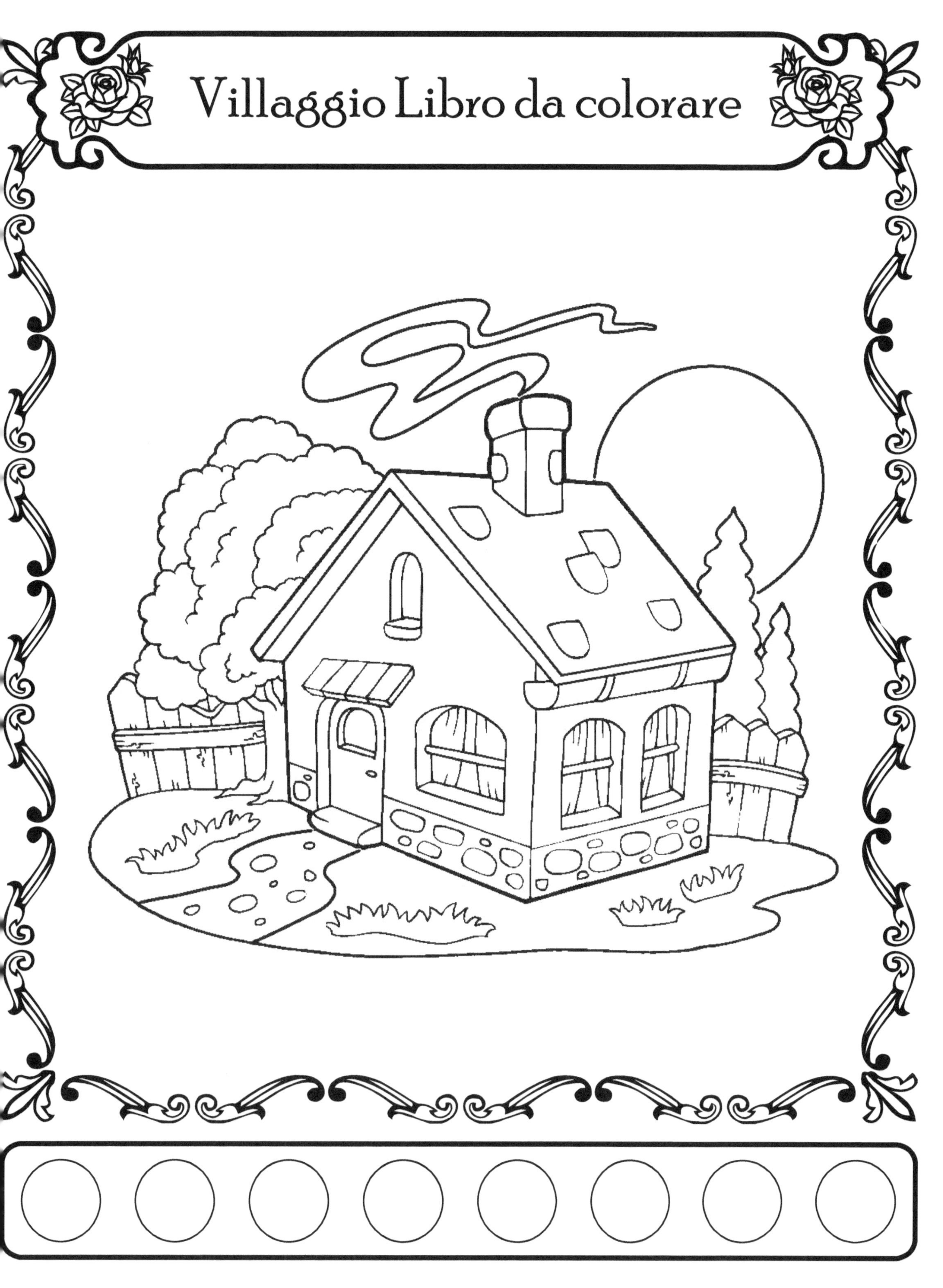

Villaggio Libro da colorare

Villaggio Libro da colorare

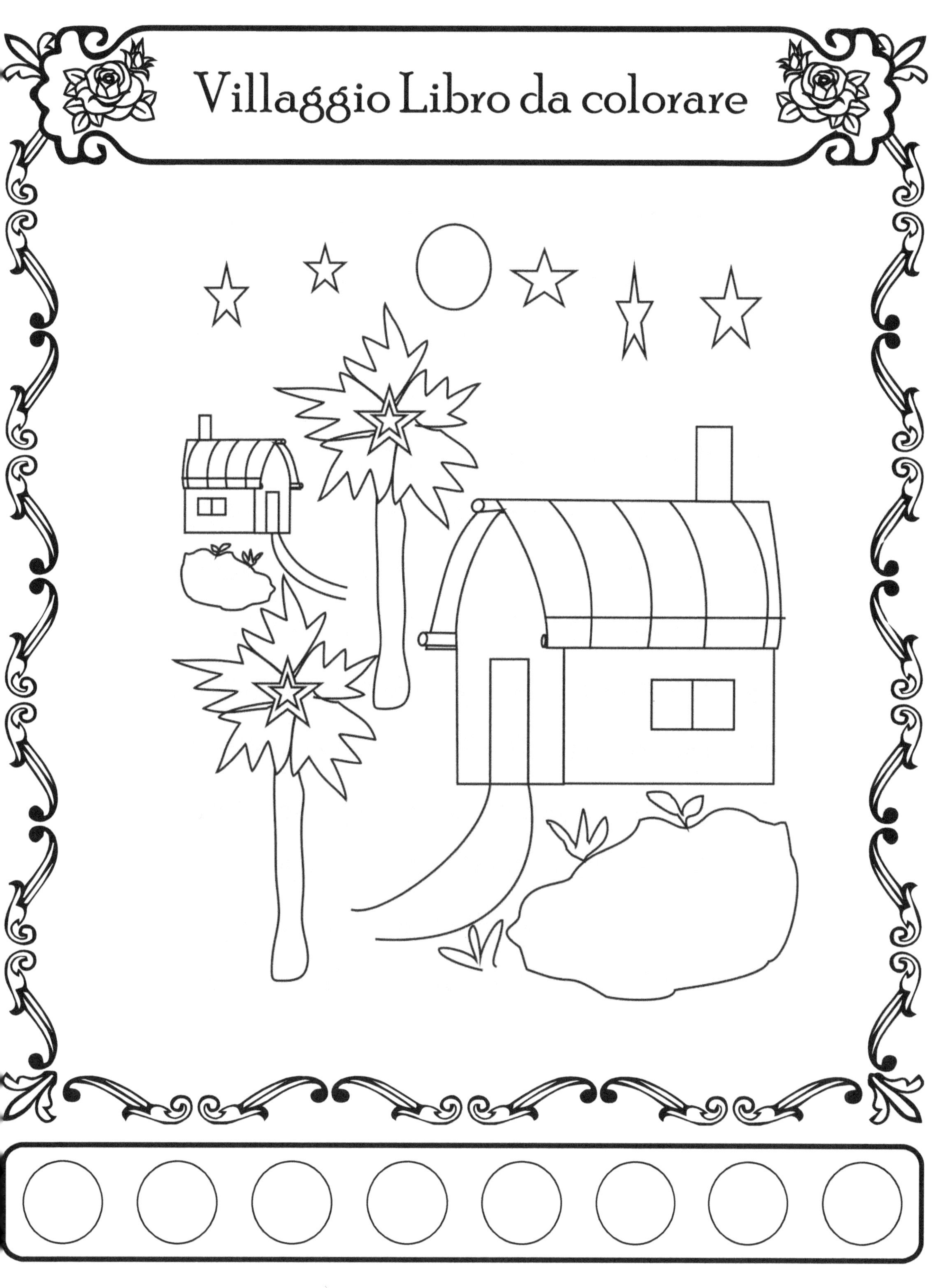

Villaggio Libro da colorare

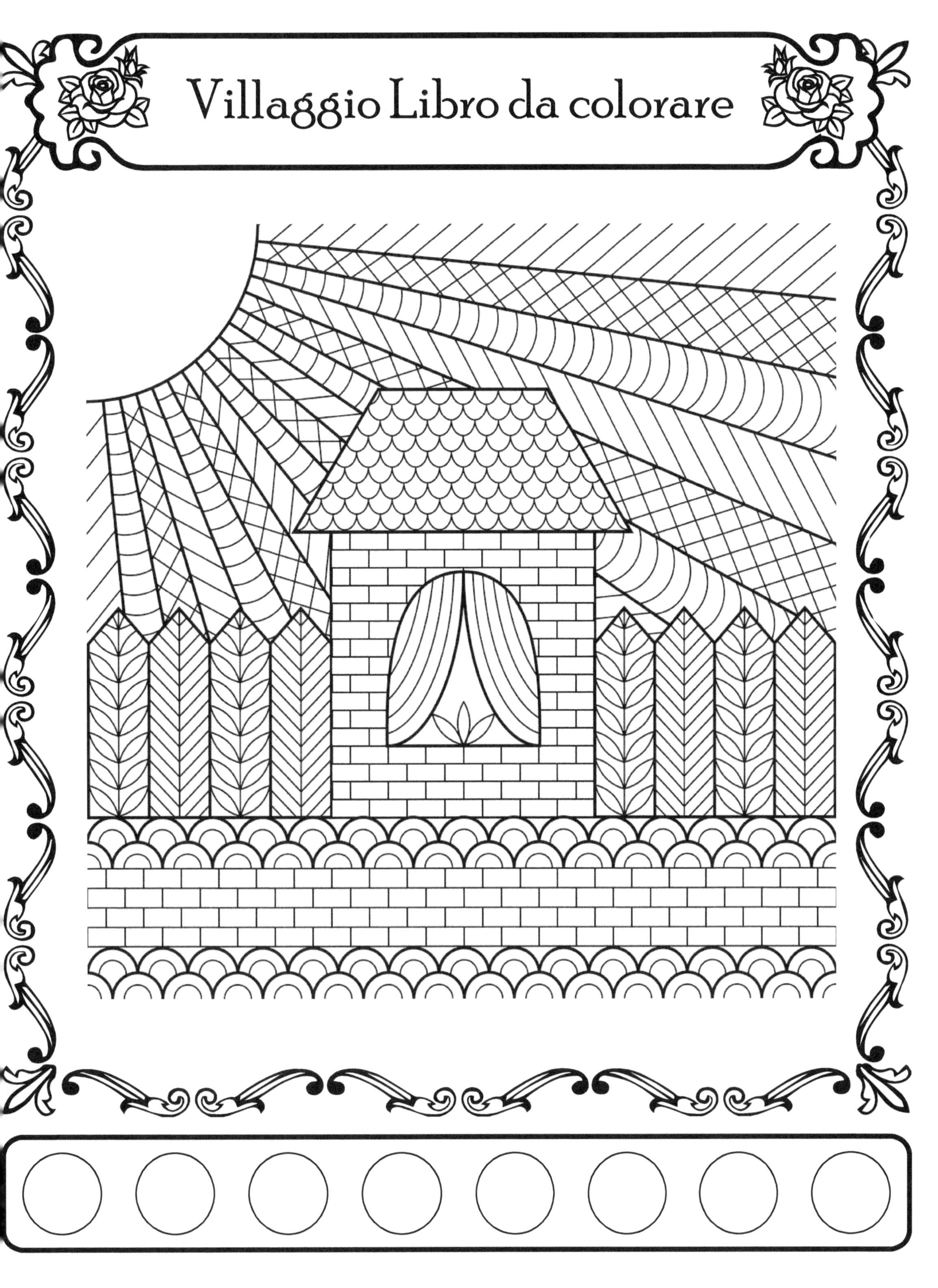

Villaggio Libro da colorare

Villaggio Libro da colorare

Villaggio Libro da colorare

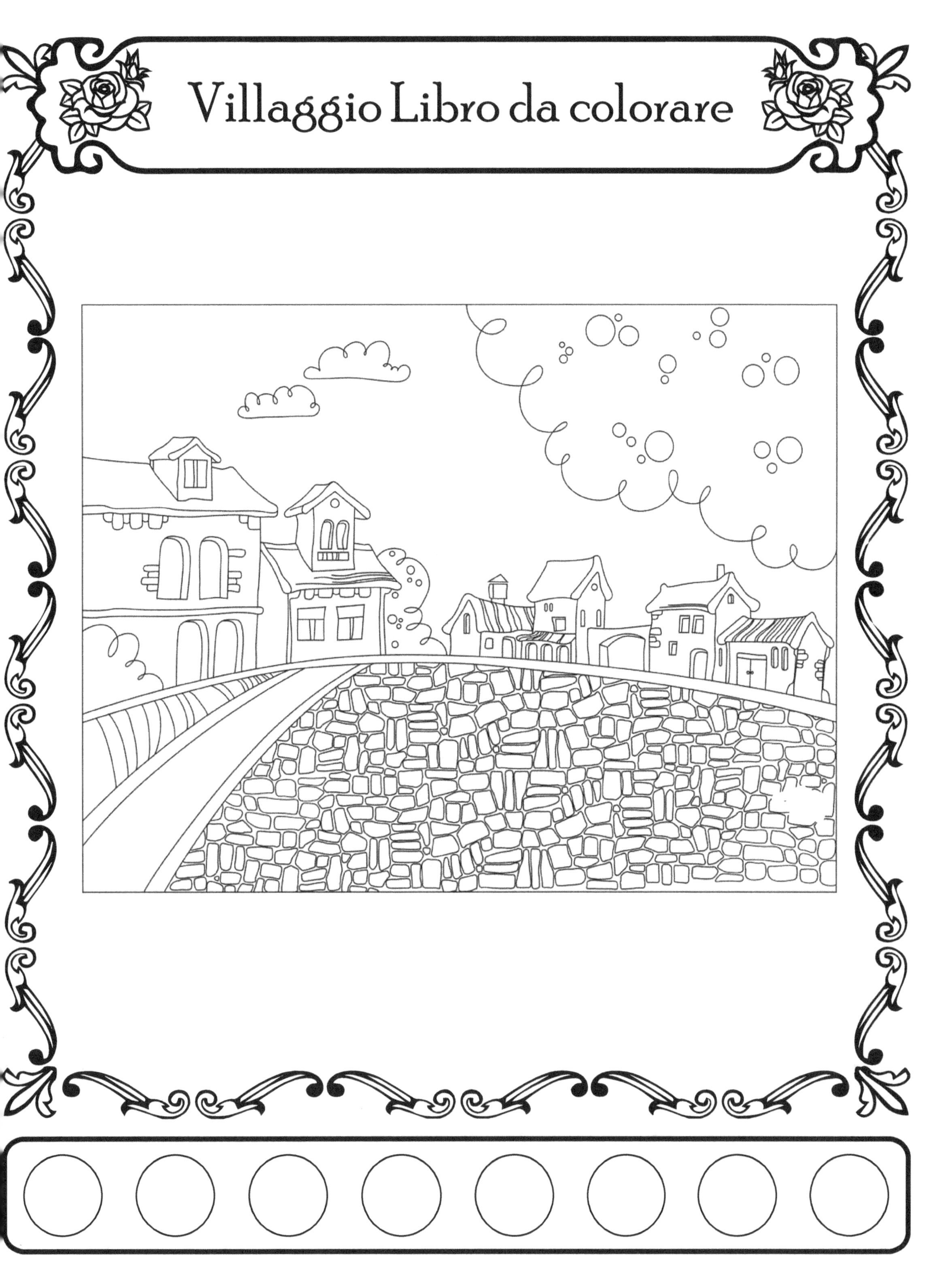

Villaggio Libro da colorare

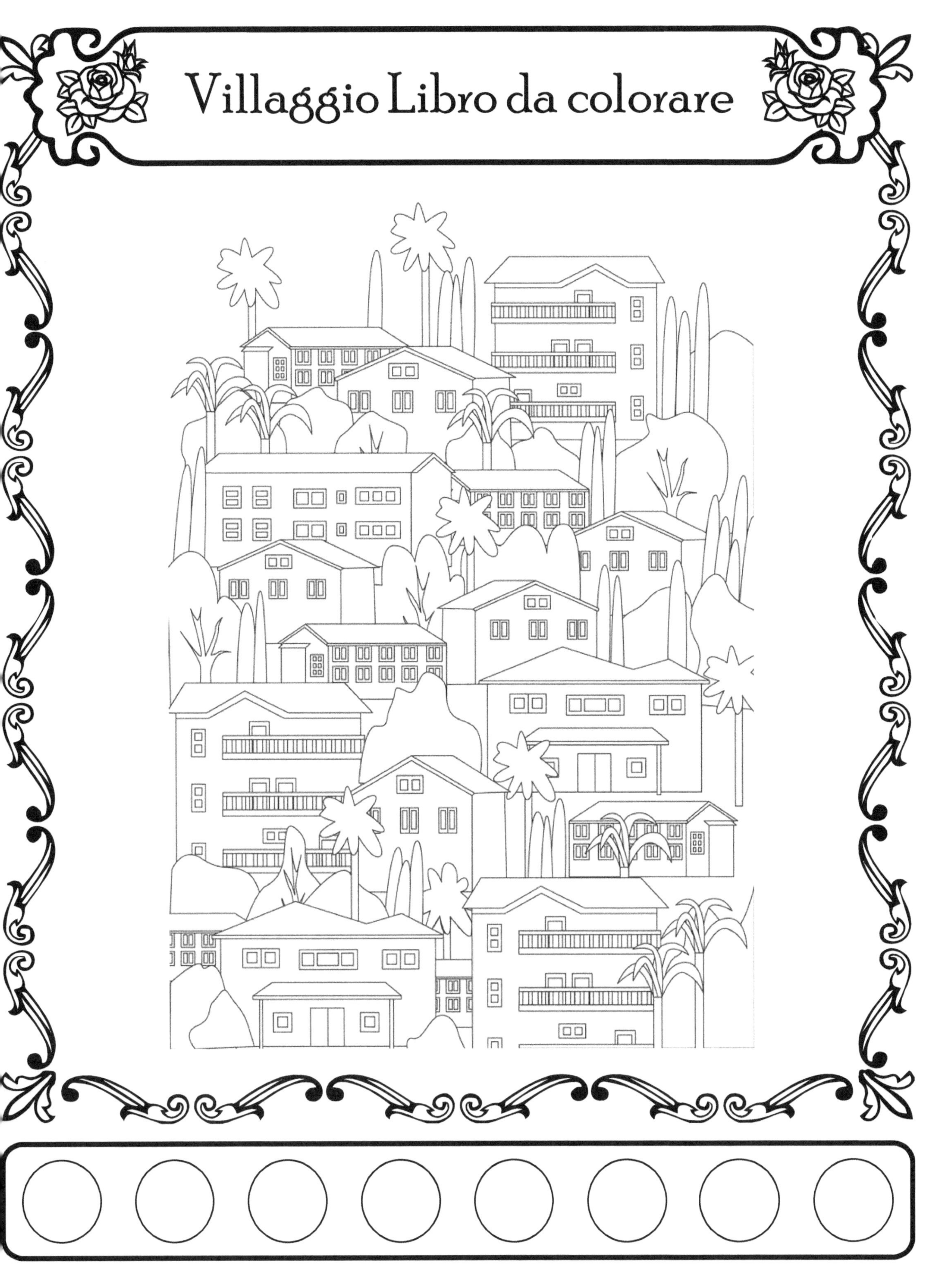

Villaggio Libro da colorare

Villaggio Libro da colorare

Villaggio Libro da colorare

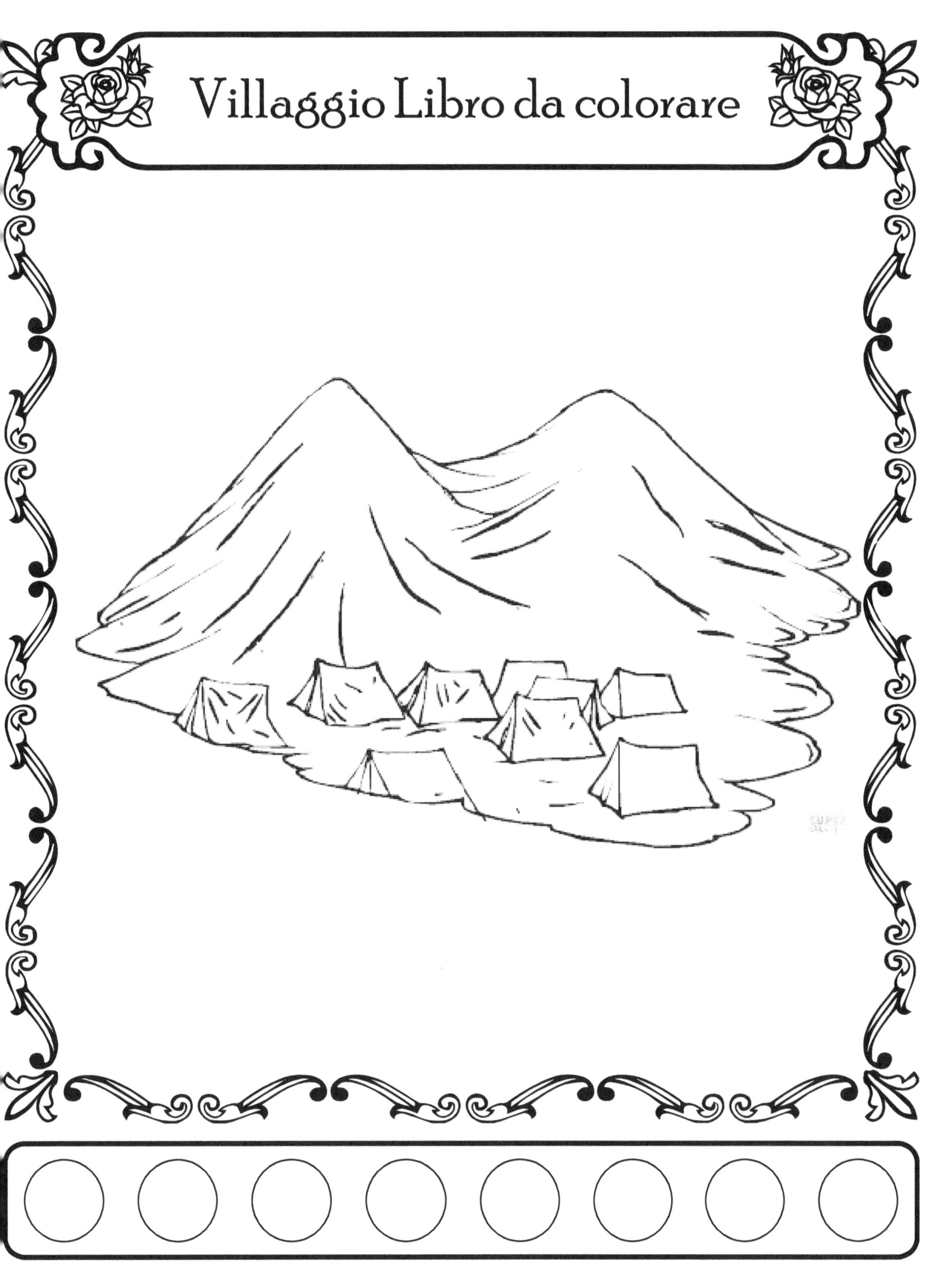

Villaggio Libro da colorare

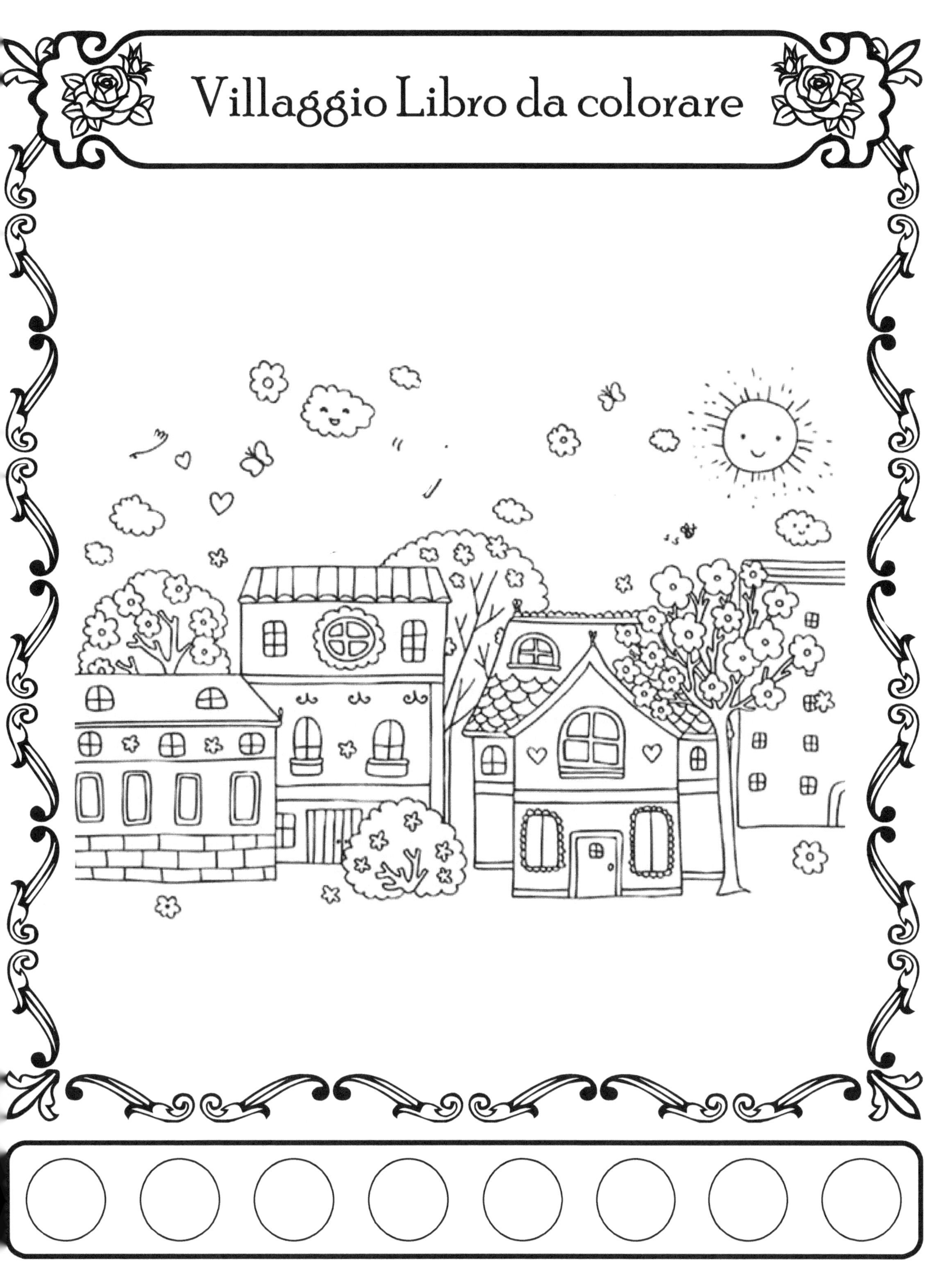

Villaggio Libro da colorare

Villaggio Libro da colorare

Villaggio Libro da colorare

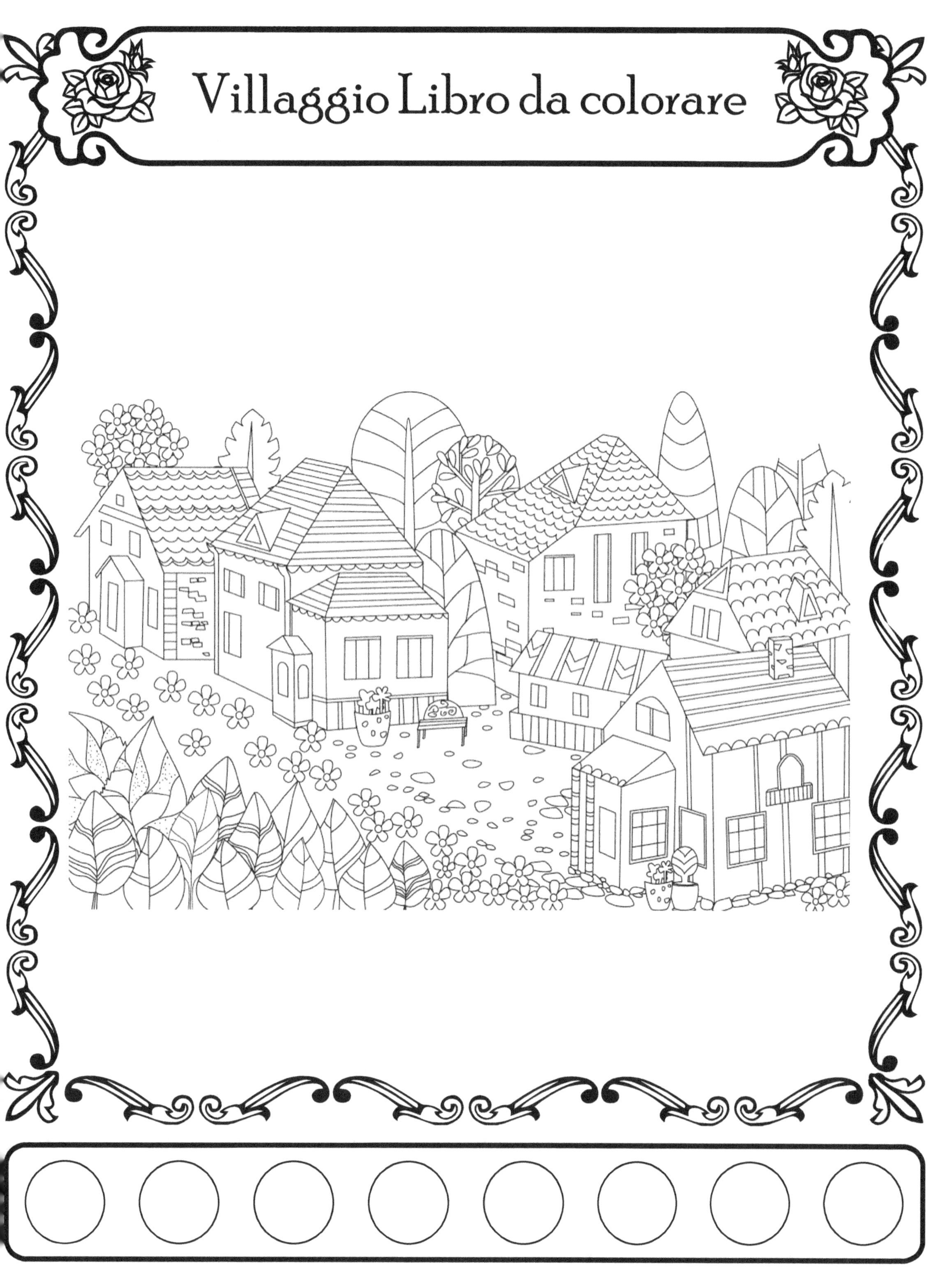

Villaggio Libro da colorare

www.ingramcontent.com/pod-product-compliance
Lightning Source LLC
Chambersburg PA
CBHW082005160726
47999CB00008B/2719